AF494216

Rouen 14 Novbre 93

COMMISSAIRES-PRISEURS DE ROUEN V

VENTE VOLONTAIRE

APRÈS DÉCÈS

D'UN

BEAU ET IMPORTANT MOBILIER

Provenant du Château d'Oissel

Les Mardi 14 et Mercredi 15 Novembre 1893
et Jours suivants

MEUBLES, FAÏENCES

TABLEAUX & GRAVURES

Avec l'assistance de M. LEFRANÇOIS, Expert en Objets d'Art
demeurant à Rouen, rue d'Amiens, 46

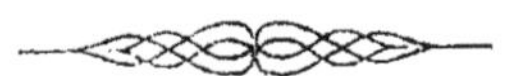

ROUEN

HOTEL DES VENTES

85, Rue des Carmes, 85

COMMISSAIRES-PRISEURS DE ROUEN

VENTE VOLONTAIRE

APRÈS DÉCÈS

D'UN

BEAU ET IMPORTANT MOBILIER

Provenant du Château d'Oissel

Les Mardi 14 et Mercredi 15 Novembre 1893
et Jours suivants

MEUBLES, FAÏENCES

TABLEAUX & GRAVURES

Avec l'assistance de M. LEFRANÇOIS, Expert en Objets d'Art
demeurant à Rouen, rue d'Amiens, 46

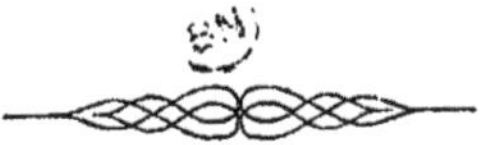

ROUEN

HOTEL DES VENTES

85, Rue des Carmes, 85

CONDITIONS DE LA VENTE

Elle sera faite expressément au comptant; les acquéreurs paieront 10 % en sus du montant de l'adjudication applicables aux frais.

Le Commissaire-Priseur, chargé de la vente, se réserve la faculté de réunir ou diviser les lots; les tares et défauts seront annoncés à chaque mise en vente des objets.

Toute réclamation visant l'authenticité ou l'état des objets vendus devra être faite dans les 24 heures de la vente; passé ce délai, elle ne serait plus admise.

En cas de contestation sur une enchère, l'objet sera immédiatement remis en vente.

Aucun objet ne sera retiré avant la vente ou vendu à l'amiable.

L'ordre numérique du Catalogue pourra ne pas être suivi à chaque vacation.

Les acquéreurs devront prendre livraison des objets vendus le lendemain, de neuf à onze heures du matin.

ORDRE DES VACATIONS

Le Mardi 14.......... Du N° 1er au N° 99.

Le Mercredi 15........ Du N° 100 jusqu'à la fin.

EXPOSITION le Lundi 13, de 2 à 4 heures.

CATALOGUE

1 — **Faïence de Bruxelles.** — Un Oiseau dans un plateau, décor aux papillons.

2 — **Nevers.** — 4 Assiettes, décor polychrome.

3 — **Nevers.** — 4 Saladiers avec inscriptions dont un « Vive le Roy ! ».

4 — **Nevers.** — Petite Commode-Jardinière.

5 — **Nevers.** — Bouteille, décor bleu à paysage.

6 — **Nevers.** — Grand Plat, bordure à rinceaux, avec personnages.

7 — **Delft.** — Bouteille, décor bleu à personnages chinois.

8 — **Delft.** — 2 Potiches, 1 Cornet, décor bleu.

9 — **Delft.** — Plat, décor bleu, arbustes.

10 — **Delft.** — 2 Plats, décor polychrome à fleurs.

10 *bis* — **Delft.** — Plaques à personnages, bordure rocaille en Delft moderne.

11 — **Delft.** — 1 Compotier, décor bleu.

12 — **Delft.** — 1 Assiette Delft, décor polychrome, et 1 Fromagère, décor bleu.

13 — **Nevers.** — 1 paire de Burettes en faïence.

14 — **Sèvres.** — 1 Plat rond, décor polychrome.

15 — **Moustiers.** — 2 Assiettes, sujets amours.

16 — **Moustiers.** — 2 Assiettes, décor avec personnages.

17 — **Moustiers.** — Assiette, décor à fleurs en manganèse.

18 — **Sinceny.** — 1 Assiette, décor fleurs, papillon et oiseaux.

18 *bis* — **Faïences Italiennes.** — 2 Plats ronds, décor à bordure bleue, cartouche avec paysage au centre en camaïeu bleu.

19 — **Italien.** — 2 Bouteilles, décor à rinceaux.

20 — **Italien.** — Paire de Vases, polychrome à godron et feuillages.

21 — **Savone.** — Bouteille, décor bleu à sujet et paysage.

22 — **Faïences.** — Bénitier, faïence italienne, genre Louis XV.

23 — **Faïences.** — 2 Cornets, faïence italienne, avec médaillon.

24 — **Italien.** — Vase de pharmacie à bec, décor arabesque.

25 — **Italien.** — Cornet d'Urbino, décor avec sujet religieux.

26 — **Faïences.** — 1 Bénitier, faïence italienne, avec anges et couronne en relief.

27 — **Faïences.** — Grand Plat rond, hispano mauresque, à reflet métallique.

28 — **Faïence Déruta Italienne** à reflet métallique. — Aiguière sans anses.

29 — **Rouen.** — Huilier et Burettes, décor polychrome quadrillé.

29 *bis* — **Algérie.** — Lampe, décor polychrome.

30 — **Faïence Rouen.** — Grand Plat long, décor bleu.

31 — **Rouen.** — Plat à pans coupés, décor bleu.

32 — **Rouen.** — Compotier, décor fleurs à la tulipe.

33 — **Rouen.** — Saucier, décor fleurs.

34 — **Rouen.** — Potiche, décor bleu à sujet Chinois.

35 — **Rouen.** — Plat à barbe, décor polychrome.

36 — **Rouen.** — Plat à eau, décor à guirlandes.

37 — **Rouen.** — 2 Vases pharmacie, décor polychrome.

38 — **Rouen.** — Bacchus assis sur un tonneau.

39 — **Faïence de Lille.** — Plat rond creux représentant le Retour du Matelot, date 1771, décor bleu.

40 — **Blois.** — 2 Cornets faïence d'Ulysse, décor avec blason.

41 — **Faïences.** — 2 Livres porte-bouquet, faïence moderne.

42 — **Varache.** — Boîte à épices, décor de fleurs.
Compotier côtelé, décor de fleurs.

43 — **Porcelaine de Chine.** — 2 Potiches, Chine moderne.

44 — **Faïences.** — Potiche en terre cuite laquée.

45 — **Faïences.** — Petit Vase avec couvercle en vieux Sèvres, pâte tendre, décor de fleurs.

46 — **Japon.** — 4 Plats, décor bleu.

47 — **Faïences.** — Grand Bol du Japon, décor bleu.

48 — **Japon moderne.** — Mandarin et Mandarine.

49 — **Japon.** — Tasse et Soucoupe, décor rouge et vert.

50 — **Chine.** — Sucrier, décor de fleurs.

51 — **Inde.** — Théière, décor de fleurs.

52 — **Frakental.** — Assiette à bords ajourés, décor bleu.
Compotier, décor bleu.

53 — **Chine.** — 2 belles et grandes Potiches vieux Chine, famille verte, avec personnages et cavaliers chinois.

54 — **Venise.** — Pot à eau, décor de fleurs, avec inscription.

55 — **Nancy.** — Flambeau en porcelaine, décor à guirlande de fleurs.

56 — **Lunéville.** — Théière, décor de fleurs.

57 — **Trévise.** — 1 Assiette, décor de fleurs.

58 — **Marseille.** — Plat ovale à bords contournés, avec branche de feuillage.

59 — **Marseille.** — Bol avec sujet chasse.

60 — **Saxe.** — Petite Bannette en Saxe.

61 — **Saxe.** — 1 Assiette, décor de fleurs naturelles.

62 — **Saxe.** — Bol, décor paysage, camaïeu violet.

63 — **Saxe.** — 2 Assiettes, décor fleurs à relief.

Saxe moderne. — Cygnes en relief.

64 — **Vienne.** — 1 Assiette, décor fleurs.

65 — **Vienne.** — Statuette, décor polychrome.
Pot au lait, décor de fleurs.

66 — **Sarreguemines.** — Soupière ovale, décor de fleurs.

67 — **Niederviller.** — Soupière ronde, décor de fleurs en relief.

68 — **Niederviller.** — Jardinière, forme demi-ronde, décor de fleurs naturelles.

69 — **Email vénitien.** — Plat rond, à bordure godrons, alterné d'arabesques dorées, époque du XVIe siècle.

70 — **Cuivre.** — Plat rond en cuivre repoussé, représentant Adam et Eve, XVIe siècle.

71 — **Cuivrerie.** — 1 Chandelier en cuivre repoussé, époque Louis XIII.

72 — **Cuivrerie.** — 2 Vases, époque Louis XIII.

73 — **Cuivrerie.** — Plaque en cuivre, représentant la Résurrection, époque Louis XVI.

74 — **Bronze.** — Statuette d'après Clodion, Femme portant un faune sur son épaule.

75 — **Cuivrerie.** — 4 Lampes juives.

76 — **Bibelots.** — Petite Cafetière en porcelaine de Berlin.

77 — **Ivoire.** — Petit Médaillon, réprésentant l'Annonciation, époque Louis XIV.

78 — **Bibelots.** — Pilon ivoire sculpté, chinois.

79 — **Bibelots.** — Petit Tableau ivoire, représentant une Bergère et un Berger, époque Louis XVI.

80 — **Jardinière** en tôle laquée, décor chinois.

81 — **Bibelots.** — 2 petits Etuis, nacre ancienne.

82 — **Bibelots.** — Statuette en bois sculpté, époque Louis XIII.

83 — **Bibelots.** — 6 Coquetiers en filigrammes d'argent, travail de Gênes. — Cuiller et Fourchette de voyage, en argent étranger.

84 — **Bibelots.** — 2 Flambeaux en étain, forme de colonne.

85 — **Ivoire.** — Marie-Antoinette, dans un cadre en bois sculpté (moderne).

86 — **Gravures au burin**, avant la lettre. — 2 Gravures, d'après Fragonard, représentant la Jeune Mère.

87 — **Gravures au burin**, avant la lettre, représentant Marie-Antoinette sortant de prison.

88 — **Gravures en couleurs.** — 20 Gravures françaises et anglaises, en couleurs, représentant les Courses, 1835 à 1866.

89 — **Tableaux.** — Tableau ancien, représentant une Reine, avec encadrement en bois de chêne sculpté, avec cariatides, style Louis XIII.

90 — **Tableaux.** — Tableau ancien, école Hollandaise, représentant une Scène d'intérieur.

91 — **Tableaux.** — Un Tableau, Paysage, par Van Stry, signé et daté 1780.

92 — **Tableaux.** — 2 Tableaux, Paysages modernes, signés André Sinet.

93 — **Tableaux.** — Tableau moderne, représentant un Intérieur de Cuisine, signé Duchêne.

94 — **Tableaux.** — 1 Tableau moderne de Lengo, 1894, le Final d'une Chanson.

95 — **Dessin en couleurs** représentant une vue d'Alger, signé de Nordeck.

96 — **Dessin à la plume**, par Bérat.

97 — **Tableaux.** — Deux Tableaux peints sur bois : l'un reproduisant un Concert, et l'autre une Fête de Famille, attribués à Platzer, 1735.

98 — **Tableaux.** — 1 Tableau ancien de Karl Girardet, signé ; cadre bois sculpté.

99 — **Tableau.** — Dessin en couleurs, signé P. Comba.

MEUBLES

100 — **Meubles.** — Deux Chaises en bois sculpté, genre Italien.

101 — 1 Glace ancienne avec encadrement en bois sculpté, époque Louis XIV.

102 — 2 Chaises bois sculpté, style Louis XIII.

103 — 1 petite Verrière ancienne en bois sculpté.

104 — Pendule religieuse, époque Louis XIV.

105 — 2 Fauteuils cannés bois sculpté, époque Louis XIV, avec filets or.

106 — Petit Guéridon, époque Louis XVI.

107 — Glace, époque Louis XIII, garnie de cuivre repoussé.

108 — Pendule ancienne en marqueterie de cuivre et écaille, garnie bronze, époque Louis XIV (socle moderne).

109 — Chaise, époque Louis XIII, recouverte en tapisserie au point.

110 — Grands Chenets en cuivre avec boules ornées de fleurs de lys, style Louis XIII.

111 — 12 Chaises cannées en bois sculpté, époque Louis XIV, avec parties de dorure.

112 — 2 Coussins recouverts en tapisserie au point avec personnages.

113 — Jardinière en acajou garnie de bronze, style Louis XVI.

114 — Christ en bois sculpté.

115 — 2 Consoles, époque Louis XVI, forme demi-ronde, en bois sculpté naturel, à dessus de marbre sanguine.

116 — Pendule Empire à colonnettes en bronze doré.

117 — Flambeau, époque Louis XIII, en cuivre repoussé à tige torse.

118 — Table de Nuit, Louis XVI, en acajou, avec filets cuivre, avec marbre entouré d'une galerie en cuivre.

119 — Jolie petite Pendule, époque Louis XVI, à colonnes en marbre blanc, garnies de bronze doré.

120 — Fauteuil, époque Louis XIII, recouvert en tapisserie au point.

121 — Table de Jeu, époque Louis XVI, en marqueterie à fleurs.

122 — Fauteuil, style Louis XIII, moderne, recouvert en tapisserie au point.

123 — 2 Tabourets bois sculpté avec filets or, recouverts en tapisserie, style Louis XIII.

124 — Fauteuil, époque Louis XIII, recouvert en tapisserie au point.

125 — 4 Fauteuils Louis XVI, en bois sculpté recouvert en ancienne tapisserie d'Aubusson (Fables de La Fontaine).

126 — 1 Chaise Louis XVI, recouverte en tapisserie d'Aubusson fin.

127 — **Bibelots.** — Petit Coffret Italien en bois sculpté et peint.

128 — **Meubles.** — Grand Fauteuil à X, style Renaissance, garni de tapisserie au point, époque Louis XIV.

129 — Petit Tabouret, époque Louis XIII, recouvert en cuir de Cordoue.

130 — Deux Causeuses Italiennes en bois sculpté, avec pieds surmontés de têtes de cygnes.

131 — 2 petits Coffrets anciens, à dessins en mosaïque, ivoire du XVIe siècle.

132 — Grand Fauteuil Louis XIII, recouvert en tapisserie ancienne au point.

133 — Pendule moderne, style Louis XIV, en marqueterie de cuivre et écaille.

134 — 1 Fauteuil, époque Louis XIII, recouvert en tapisserie au point de Hongrie.

135 — Statuette en bois sculpté, avec son pied, représentant Triboulet.

136 — Table en chêne sculpté, style gothique.

137 — 1 Meuble vitrine à deux corps, en marqueterie de bois, style Louis XV.

138 — Dessus de Portière en tapisserie d'Aubusson.

139 — 2 petits Meubles Flamands à étagère, en bois sculpté.

140 — Une Etagère chinoise en bois peint, laqué rouge et or, avec glaces. — 2 Fauteuils et 3 Chaises, même décor. — 2 Guéridons octogones, forme pan coupé.

141 — Commode, époque Louis XVI, en marqueterie à filets.

142 — Crédence, bois sculpté, tiroirs à godrons avec dessins à jour, époque Louis XIII.

143 — **Grand et magnifique Meuble**, forme monumentale, à quatre portes, en marqueterie de bois, avec ferronnerie, daté de 1619, sculpture à colonnes avec chapiteaux corinthiens et mascarons.

Largeur, 2[m] 12 ; hauteur, 2[m] 60 ; profondeur, 0[m] 80.

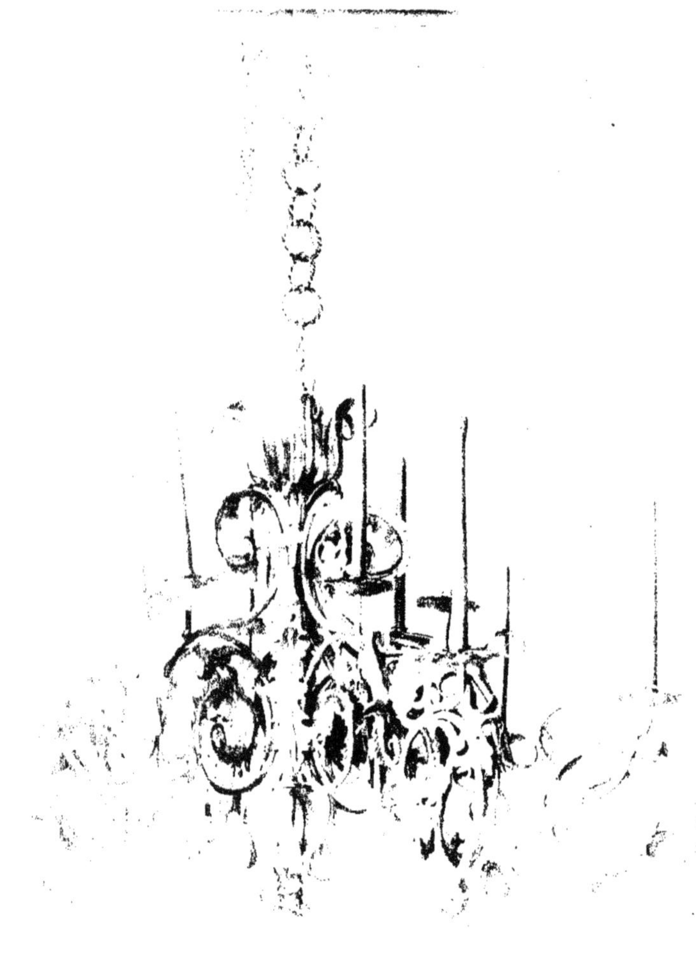

144 — 1 petit Meuble à deux corps, en bois de chêne sculpté, genre Louis XIII, avec cariatides.

145 — Une Commode, époque Louis XVI, en marqueterie de bois.

146 — Malle de voyage chinoise, en cuir, avec pied en bois sculpté, laqué rouge et or.

147 — **Très beau Lustre** à 12 lumières, en fer forgé, à rinceaux et feuillage, époque du XVIe siècle.

Largeur, 1m 45 ; hauteur, 1m 15.

148 — 1 grand Buffet-Etagère à quatre portes, en bois de chêne sculpté, avec panneaux anciens.

149 — Commode Louis XV, marquetée en bois de rose et satiné, garnie de bronze et à dessus de marbre.

150 — 1 grand Ecran japonais en bois ajouré et sculpté, garni de soie brochée.

151 — **Grande et magnifique Glace** *(Pièce unique)*, en bois sculpté, représentant 30 chevaux courant et fuyant de tous côtés, époque du XVIe siècle.

Hauteur, 2[m] 25 ; largeur, 1[m] 50.

152 — Grande Table en bois de chêne sculpté, style Louis XIII.

153 — 2 Commodes anciennes, en bois sculpté, avec cariatides.

154 — Une Banquette en noyer sculpté, époque Louis XIII, avec dossier et cariatides, recouverte d'une tapisserie des Flandres, avec portes et panneaux anciens.

155 — Meuble d'encoignure, en bois sculpté.

156 — 2 grands Paravents chinois, à 5 feuilles laquées, avec panneaux de damas de soie rouge.

157 — Grand Bureau cylindre en acajou, époque Louis XVI, galerie de cuivre et bronze.

158 — Importante Garniture de cheminée : Pendule et Candélabres, style gothique, en fer gravé et ciselé, garnie d'émaux.

159 — Une Banquette à panneaux sculptés et ajourés, style gothique. — 2 Chaises bois sculpté, style Louis XIII.

160 — 1 grande et belle Armoire à deux portes, panneaux sculptés sur toutes ses faces, époque Louis XIV.

161 — Stalle, époque gothique, avec panneau en bois sculpté, avec coussin tapisserie au point.

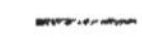

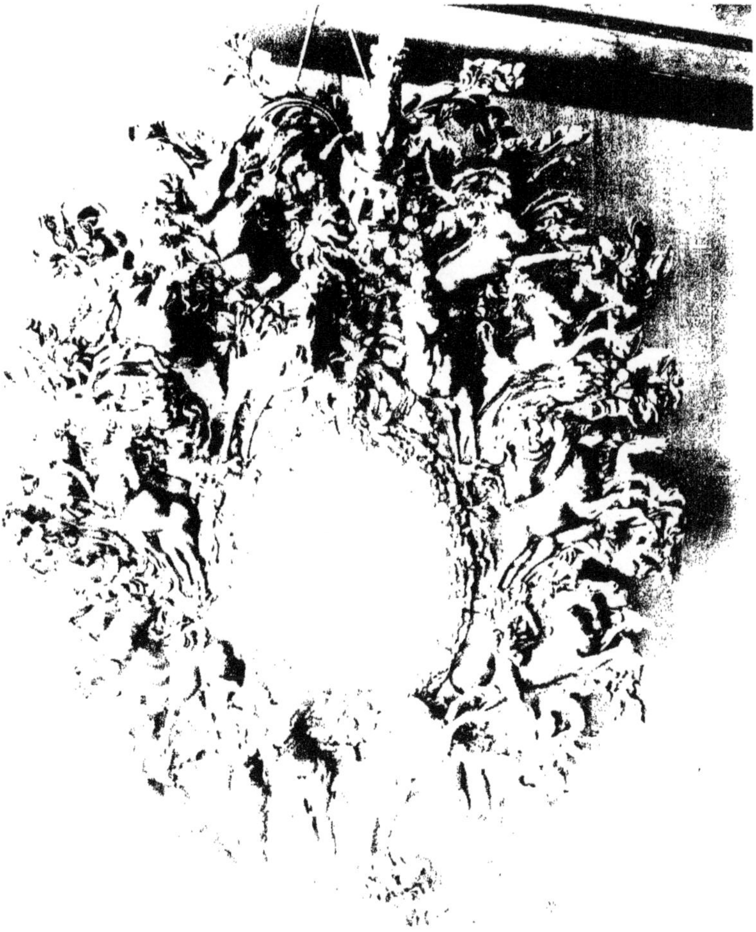

162 — Colonne Louis XVI en marbre, à tige cannelée, garnie de bronze.

163 — Grande Console richement sculptée, avec dessus de marbre brèche, style Louis XIV.

164 — Table, style Louis XVI, à X, en bois sculpté et doré, avec dessus en marbre blanc.

165 — 1 petit Meuble vitrine, bois de rose et palissandre, style Louis XV, garni de bronze.

166 — Table de style Loius XVI, à X, en bois sculpté et doré, avec dessus de marbre blanc.

Le Mobilier Moderne sera vendu les Jeudi 16, Vendredi 17 et Samedi 18 Novembre 1893, dans la Salle du rez-de-chaussée.

Pour l'ordre de Vente, consulter l'affiche.

ROUEN. — IMP. DE L. BRIÈRE

www.ingramcontent.com/pod-product-compliance
Ingram Content Group UK Ltd.
Pitfield, Milton Keynes, MK11 3LW, UK
UKHW020532180726
13839UKWH00005B/2472